Stechpalme
Eibe
Brotfruchtbaum
Kapokbaum
Indische Lagerstroemie/
Affenrutschbaum
Europäische Lärche
Nussbaum
AF565414

Titel der französischsprachigen Originalausgabe: *Le livre aux arbres*
© Editions Belin / Humensis, 2020
Alle Rechte vorbehalten

Penguin Random House Verlagsgruppe FSC® N001967

Die Deutsche Nationalbibliothek verzeichnet diese Publikation in der Deutschen Nationalbibliografie; detaillierte bibliografische Daten sind im Internet unter http://dnb.d-nb.de abrufbar.

Lizenzausgabe mit freundlicher Genehmigung

© dieser Ausgabe 2021 by Anaconda Verlag, einem Unternehmen der Penguin Random House Verlagsgruppe GmbH, Neumarkter Straße 28, 81673 München

Alle Rechte vorbehalten.

Umschlaggestaltung: dyadesign, www.dya.de
Satz und Layout: InterMedia – Lemke e. K., Heiligenhaus
Druck und Bindung: DZS Grafik d.o.o., Ljubljana
Printed in Slovenia
ISBN 978-3-7306-1055-8
www.anacondaverlag.de

Nathalie Tordjman

DAS GROSSE BUCH DER BÄUME

Illustrationen von Isabelle Simler und Julien Norwood

Aus dem Französischen von Dietlind Falk

ANACONDA

WAS IST EIN BAUM?

ERSTAUNLICHE PFLANZEN

Bäume sind Pflanzen, die hoch in den Himmel ragen.

5 Merkmale von Bäumen

* Bäume wachsen aus einem einzelnen **Stamm**, der sehr groß werden kann, und sie haben Äste.
* Sie stellen einen festen Stoff her: das **Lignin**, einen Hauptbestandteil von Holz.
* Bäume schlagen im Boden ihre **Wurzeln**, ein Leben lang wachsen sie am selben Ort.
* Sie können mehrere Dutzend Jahre alt werden: Es sind **mehrjährige Pflanzen**.
* Sie tragen **Blüten** und **Früchte**.

Das sind keine Bäume!

Die Palme

Sie hat keine Äste. Was wie ein Stamm aussieht, sind eigentlich Überreste ihrer verwelkten Palmwedel.

Der Bambus

Er hat auch keine Äste und seine Halme sind hohl.

Von klein bis groß!

Ein Unterstrauch

Die Besenheide

Sie wird weniger als einen Meter hoch.

Ein Busch

Der Stechginster

Er kann 4 bis 5 Meter hoch werden.

Ein Strauch

Der Haselnussstrauch

Er kann 6 bis 8 Meter hoch werden.

Ein Baum aus der Nähe

Die Stieleiche

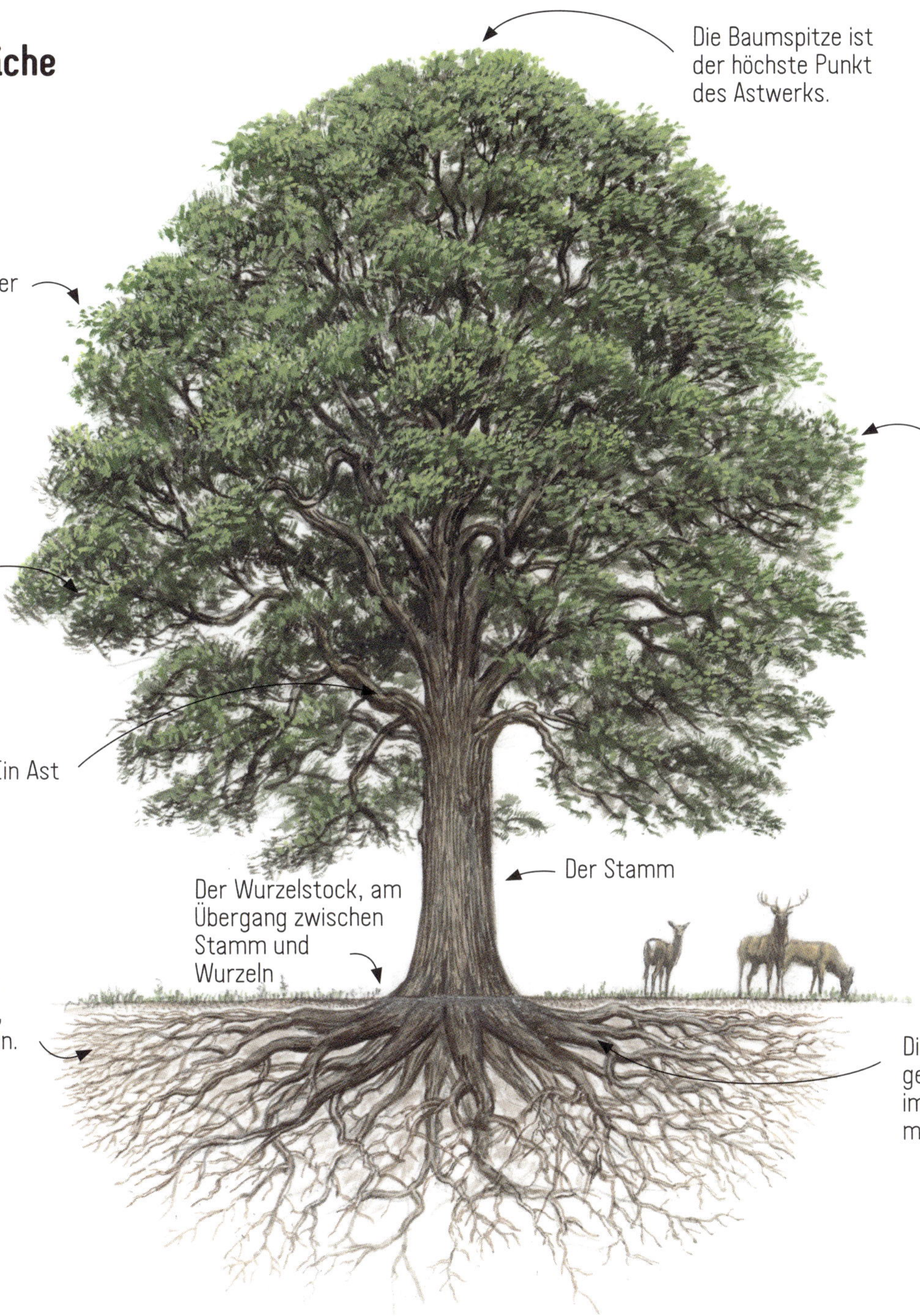

Die Baumspitze ist der höchste Punkt des Astwerks.

Die Blätter

Das Astwerk besteht aus Ästen, Zweigen und Blättern.

Ein Zweig ist ein kleiner Ast.

Ein Ast

Der Stamm

Der Wurzelstock, am Übergang zwischen Stamm und Wurzeln

Das Wurzelsystem besteht aus vielen, sehr feinen Wurzeln.

Die Wurzeln werden genau wie die Äste immer feiner. Das nennt man Verästelung.

Das Astwerk verleiht jedem Baum den für ihn charakteristischen Umriss. Das ist seine Wuchsform. Die Stieleiche hat eine eiförmige Wuchsform.

DER STAMM IST STABIL!

Der Stamm hält einiges aus. Er trägt das Gewicht des gesamten Astwerks.

Eine schützende Rinde

Die Rinde umgibt den Stamm und ist für den Baum lebenswichtig: Ohne Rinde stirbt der Baum. Sie ist unterschiedlich dick und schützt den lebendigen Teil des Baumes vor Regen, Sonne, Kälte und Tierangriffen.

Unter der Rinde zirkuliert der Pflanzensaft

Der **Pflanzensaft** ist wie das Blut des Baumes, er versorgt den ganzen Baum mit Feuchtigkeit und nimmt zwei verschiedene Wege:

- Der **nährende Pflanzensaft** sickert durch eine feine Holzschicht direkt unter der Rinde von der Baumkrone zu den Wurzeln. Er enthält viele Nährstoffe (Zucker), durch die der Baum leben und wachsen kann.
- Der **rohe Pflanzensaft**, der aus Wasser und mineralischen Salzen besteht, steigt von den Wurzeln aus bis hinauf in die Baumkrone. Er wandert durch eine dickere Holzschicht.

Die Rinde verändert sich, wenn der Stamm wächst.

- Die Rinde junger Bäume ist oft glatt, manchmal ist sie grün.

Eine junge Birke

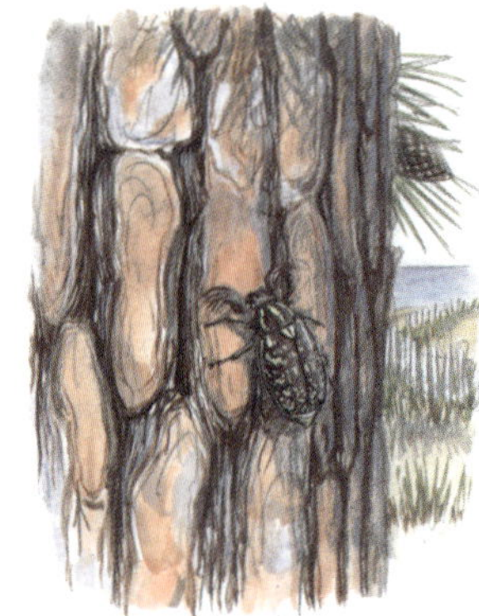

Eine Strandkiefer

- Bei alten Bäumen wird die Rinde dick, grau oder braun.

- Bei bestimmten Bäumen erneuert sich die Außenrinde regelmäßig: Bei Platanen fällt sie in Stücken ab, beim Waldkirschbaum oder dem Eukalyptus in Streifen.

Eine Platane

Quiz

Wer hält sich an der Rinde fest?

1. Der Kleiber ist ein Vogel, der im Winter gegen den Baumstamm klopft, um ...

- a Insekten und Spinnen aufzuscheuchen.
- b Nüsse zu zerkleinern, die er dort festgeklemmt hat.
- c ein Loch zu klopfen, in dem er nisten will.

2. Die Mistel ist eine kugelförmige Pflanze, die sich an einem Ast festhält, um ...

- a Früchte anzugreifen.
- b sich vor Nagern zu schützen.
- c Pflanzensaft zu saugen.

3. Häufig wächst Moos an Baumstämmen. Aber an welcher Seite?

- a Auf der Seite, die am feuchtesten ist.
- b Immer auf der Seite, die nach Norden zeigt.
- c Immer auf der Seite, die nach Süden zeigt.

4. Efeu ist eine Kletterpflanze, die sich an der Rinde festhält, um ...

- a Pflanzensaft zu saugen.
- b zum Licht zu gelangen.
- c den Stamm zu schützen.

SO VIELE BLÄTTER!

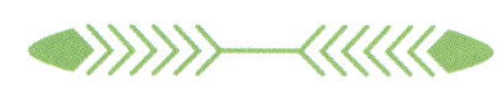

Es gibt viele unterschiedliche Blätter. Ihre Form und ihr Aussehen verraten uns, von welchem Baum sie stammen.

Ein Blatt besteht aus zwei Teilen

- Der Hauptteil des Blattes nennt sich **Blattspreite**. Sie ist häufig flach und wird von Blattadern durchzogen, durch die der Pflanzensaft fließt.
  Jeder Baum hat eine andere Blattspreite: Sie kann rund sein, oval, fächer- oder nadelförmig. Auch der Rand unterscheidet sich, er kann glatt sein, gewellt, gezackt …
- Der andere Teil ist der Stiel, mal kurz, mal lang, mit dem das Blatt am Zweig befestigt ist.

Zwei Baumsorten

- **Laubbäume** sind Bäume, deren Blätter eine große Spreite haben, dabei können die Blätter einfach oder zusammengesetzt sein.

- **Nadelbäume** hingegen, man nennt sie auch Koniferen, haben Blätter mit sehr schmaler Spreite, die aus nur einer Ader besteht: Sie können nadelförmig sein, wie bei der Kiefer, oder schuppenförmig, wie bei der Zypresse.

Die Waldkiefer

Nadeln

Der Stiel ist sehr kurz.

Blätter können auf 3 verschiedene Arten angeordnet sein

Wechselständige Blätter

Ein Buchenzweig

Die Blätter wachsen nacheinander am Zweig entlang.

Gegenständige Blätter

Ein Feldahornzweig

Die Blätter wachsen paarweise am Ast entlang.

Wirtel- oder quirlständige Blätter

Ein Wacholderzweig

Die nadelförmigen Blätter wachsen zu dritt, zu viert oder in noch größerer Zahl an derselben Stelle aus dem Zweig.

Einfache oder zusammengesetzte Blätter?

Bei einfachen Blättern besteht die Spreite aus einem einzigen Teil.

Ein Eichenblatt

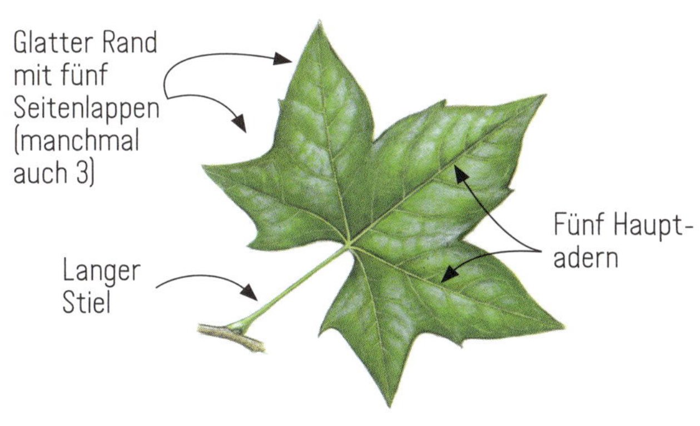

Ein Platanenblatt

Eine Hauptader

Glatter Rand

Kurzer Stiel

Silbrige Unterseite

Ein Olivenbaumblatt

Finde Blätter mit nur einer Hauptader!

Bei zusammengesetzten Blättern besteht die Spreite aus mehreren Blättern, die Blättchen genannt werden.

Ein Robinienblatt

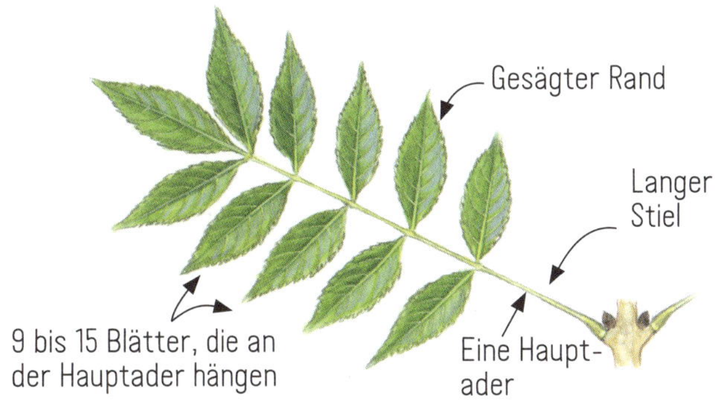

Das Blatt einer Gemeinen Esche

Das Blatt einer Kastanie

Der Baum und seine Jahreszeiten

Nadelbäume behalten ihre Nadeln das ganze Jahr über, sie sind sehr widerstandsfähig. Laubbäume hingegen verlieren im Herbst ihre Blätter.

Die Fichte: Ein Nadelbaum

Nadelbäume wie die Fichte tragen ihre Nadeln 5 bis 9 Jahre lang und erneuern sie nach und nach.

Im Sommer

Die Fichte steckt all ihre Energie in das Wachstum ihrer kleinsten Äste und bildet Knospen für das kommende Jahr.

Im Herbst

Die ältesten Nadeln fallen aus, trotzdem bleibt die Fichte das ganze Jahr über grün.

Im Frühling

Die Fichte wächst nur in dieser Jahreszeit. Aus ihren Knospen werden neue Zweige, aus deren Enden neue Nadeln sprießen, und sie blüht.

Im Winter

Die Knospen werden von ihren Schuppen und einem klebrigen Stoff geschützt: Dem Harz. Den Nadeln macht der Frost nichts aus und auf den Ästen bleibt der Schnee nicht liegen.

Die Kirsche: Ein Laubbaum

Laubbäume wie der Kirschbaum tragen große Blätter, die nur ein Jahr überdauern. In jedem Jahr wachsen sie nach.

Im Sommer

Die Blätter der Kirsche sind fertig. Sie wachsen nicht mehr. Der Baum bildet unten an den Blattstielen Knospen, aus denen im nächsten Jahr Zweige, Blätter oder Blüten werden.

Im Herbst

Die Tage werden kürzer. Die Blätter bekommen keinen Pflanzensaft mehr, vertrocknen und fallen ab.

Im Frühling

Die Tage werden länger. Der Pflanzensaft fließt wieder durch die Rinde. Die Knospen wachsen. Aus manchen wachsen Blüten. Dann bilden sich rasch Blätter.

Im Winter

Kein Blatt hängt mehr am Kirschbaum. Er schaltet auf Sparflamme, die letzten Nährstoffe bleiben in den Wurzeln. Die Knospen brauchen den Frost nicht fürchten, sie werden von ihren Schuppen geschützt.

Im Park

Die Libanon-Zeder

Die Silber-Linde

Die Trauerweide

Die Bananenpalme

Der Buchsbaum

Spiel Detektiv!

1. Welcher Baum hat silbrige Blätter?

2. Welcher Baum steht mitten auf der Wiese?

3. Welcher Baum verliert seine Rinde in Placken?

4. Welcher Baum ist zu einer Hecke gestutzt?

Die Ahornblättrige Platane

Die Hainbuche

Die Rosskastanie

5. Welcher Baum hat Zweige, die bis zum Boden hängen?

6. Welche Pflanze ist groß wie ein Baum, hat aber keinen Stamm?

7. Welcher große Laubbaum hat keine Spitze?

8. Welcher Strauch ist kugelförmig beschnitten?

WIE WÄCHST EIN BAUM?

WACHSEN UND SICH STRECKEN

Bäume wachsen ihr Leben lang. Manche wachsen schnell, manche langsam.

Der Stamm wird dicker

Unter der Rinde bilden sich neue Holzschichten. In unseren gemäßigten Breiten sind es 2 pro Jahr.

Eine wächst im Frühling: Sie ist **dick** und durch ihr **helles Holz** mit großen Gefäßen zirkuliert jede Menge Pflanzensaft.

Die andere wächst im Winter: Sie ist **dünn** und durch ihr **dunkles Holz** fließt der rohe Pflanzensaft langsam durch enge Gefäße. So wachsen Stamm, Äste und Wurzeln.

Die Jahresringe

Ein Jahresring besteht aus hellem und dunklem Holz. Zählt man die Ringe, erhält man das **Alter eines Baumes**. Im Innern befinden sich die ältesten Jahresringe, durch die kein Pflanzensaft mehr fließt: Das Holz ist tot, sehr hart, und lässt den Baum fest stehen.

Die Rinde

Lebendiges Holz

Totes Holz

Ein Jahresring
Jeder Jahresring steht für ein Jahr Wachstum. Nicht alle Jahresringe sind gleich dick: Bietet ein Jahr keine günstigen klimatischen Bedingungen, fällt der Jahresring dünner aus.

Ein Baum wächst in die Höhe

✳ **Im Sommer** treiben neue Knospen aus den Blattachseln.

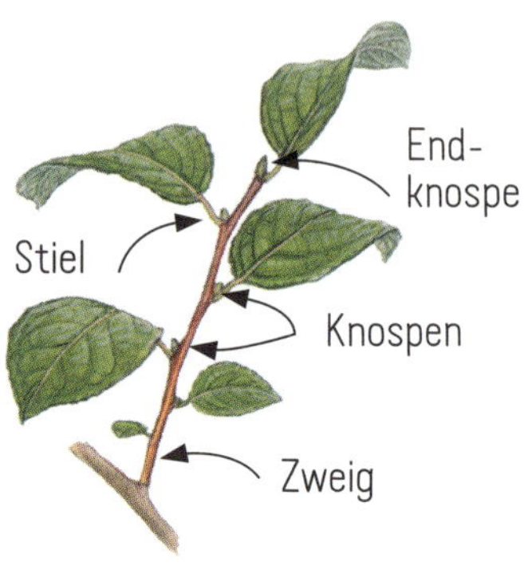

✳ **Im Herbst** fallen die Blätter.

✳ **Im Winter** gibt es nur schlafende Knospen, die von braunen Schuppen geschützt werden.

✳ **Im Frühling** fallen die braunen Schuppen von der Endknospe. Der Zweig wächst. Aus den Knospen des letzten Jahres wachsen neue Triebe, die neue Blätter bekommen.

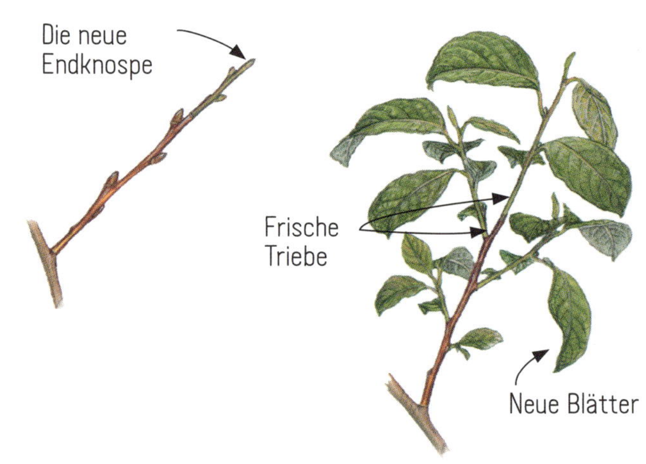

Wie hoch ist der Baum?

✳ Bestimme die Höhe eines Baumes ✳

1. Suche dir einen freistehenden Baum aus, den du ganz sehen kannst.
2. Nimm zwei Hölzer von gleicher Länge, 20 cm zum Beispiel. Halte den einen waagerecht vor dein Auge, den anderen senkrecht davor *(siehe Abbildung)*.
3. Peile den Baum an. Gehe vor oder zurück, bis die Enden des senkrechten Stabes von der Baumspitze bis zum Boden reichen.
4. Wenn du richtig stehst, markiere mit dem Fuß deine Position. Nimm ein Metermaß und schaue, wie weit entfernt vom Baum du stehst. Genauso hoch ist der Baum.

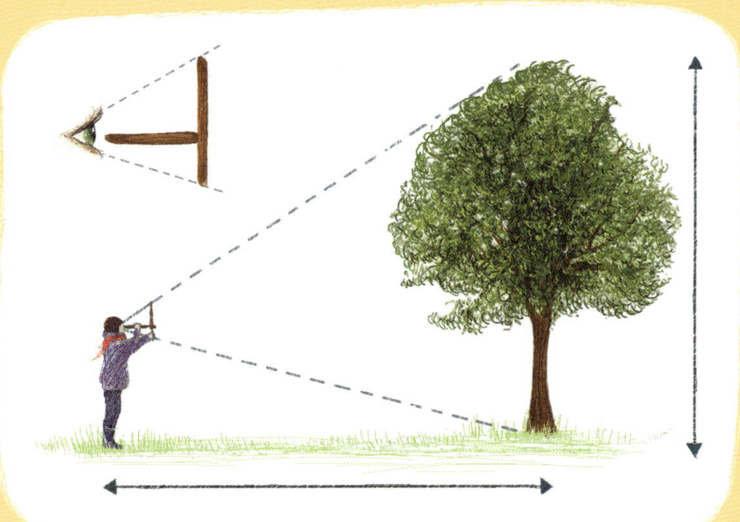

✳ Wie dick ist der Stamm und wie ist sein Durchmesser? ✳

1. Nimm ein Seil und lege es auf Höhe deiner Arme um den Baumstamm.
2. Miss ab, wieviel Seil du dafür gebraucht hast. Das ist der Umfang des Stammes.

3. Teile den Umfang des Baumes (in Zentimetern) durch 3,14

   Beispiel: Wenn der Stamm einen Umfang von 1 Meter hat (= 100 cm):

   100 : 3,14 = 31,84

   Der Stamm hat einen Durchmesser von etwa 32 cm.

DER BAUM TRINKT MIT DEN WURZELN

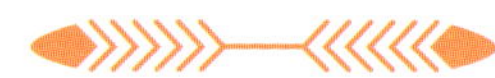

Ein Baum braucht Wasser, viel Wasser!

Die wichtigste Aufgabe der Wurzeln

Die Wurzeln werden länger, **um Wasser aus dem Boden zu saugen**. Dies geschieht in den feinsten Wurzeln. Sie bilden Wurzelhaare, die sich regelmäßig erneuern, genau wie die Blätter.

Ein gutes Team

An oder in den feinen Wurzeln von Bäumen leben Pilze. Sie helfen dem Baum an Nährsalzen reiches Wasser aufzunehmen, aus dem der Pflanzensaft entsteht.

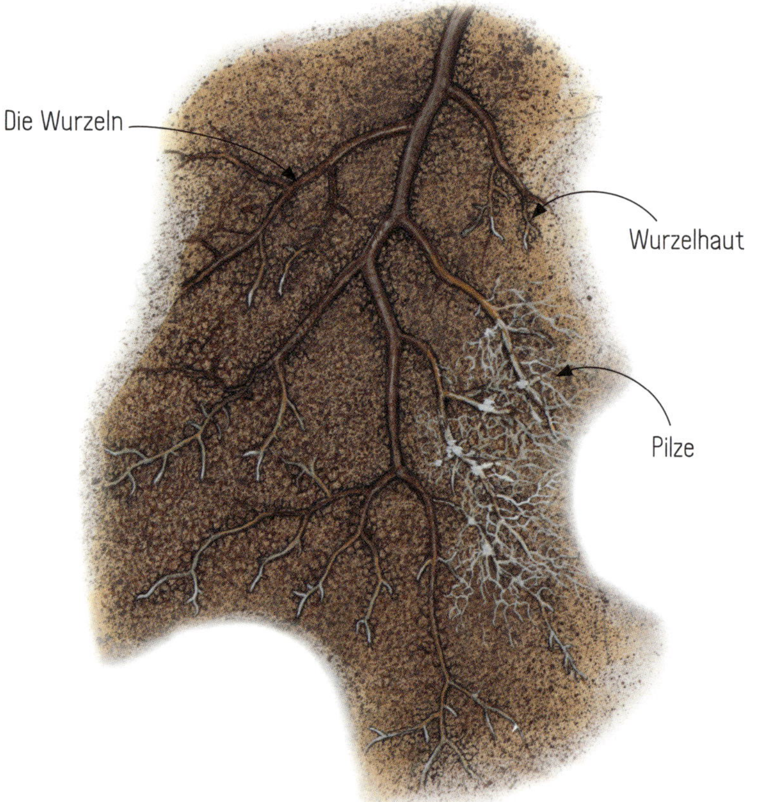

Die Wurzeln haben 2 weitere Aufgaben

Sie verankern den Baum im Boden

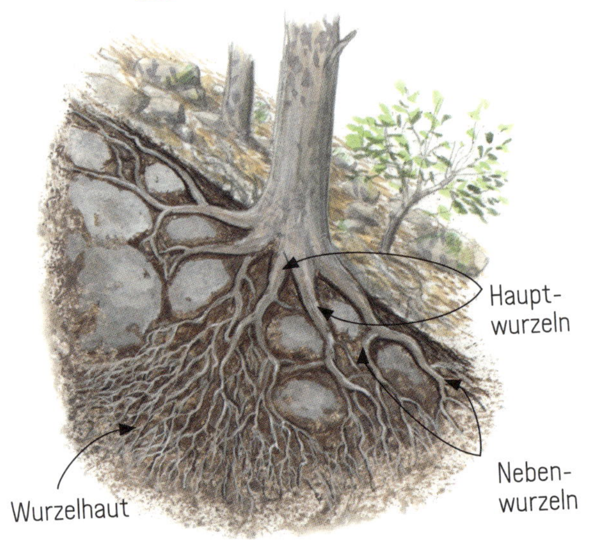

Die Haupt- und Nebenwurzeln bestehen aus Holz und bilden das Fundament des Baumes. Dank ihnen kann der Wind ihn nicht umwehen. Sie verschwinden erst, wenn der Baum gestorben ist.

Reserven bilden

Im Sommer und Herbst speichert der Baum Nahrung in seinen Wurzeln. Im Winter schützen sie die Wurzeln vor dem Frost. So können im Frühling neue Blätter sprießen.

4 Wurzelformen

Die Wurzeln haben je nach Baumsorte, Alter und Beschaffenheit des Bodens andere Formen.

Pfahlwurzeln

Sie entspringen der Hauptwurzel, die als Stütze dient, und wachsen tief in den Boden hinein.

Ein Nussbaum

Herzwurzeln

Sie wachsen vom Wurzelhals aus in alle Richtungen in den Boden.

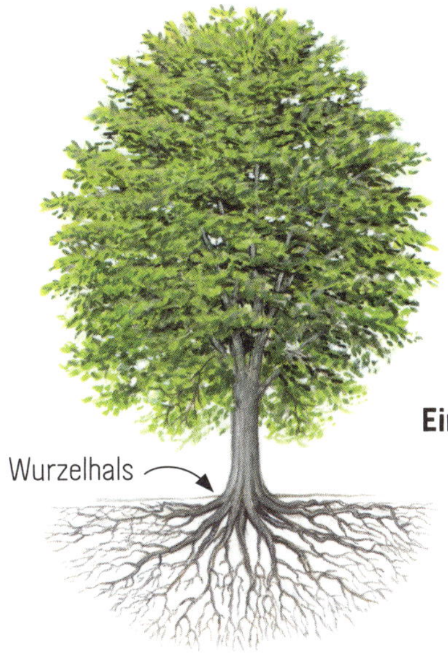

Eine Buche

Wurzelhals

Flachwurzeln

Sie breiten sich horizontal aus. Manchmal ragen sie aus der Erde.

Eine Fichte

Wurzeln mit Wurzelknöllchen

Erlen bilden durch Pilze und Bakterien Wurzelknöllchen aus, die den Baum ernähren und ihn auch in nährstoffarmen Böden wachsen lassen.

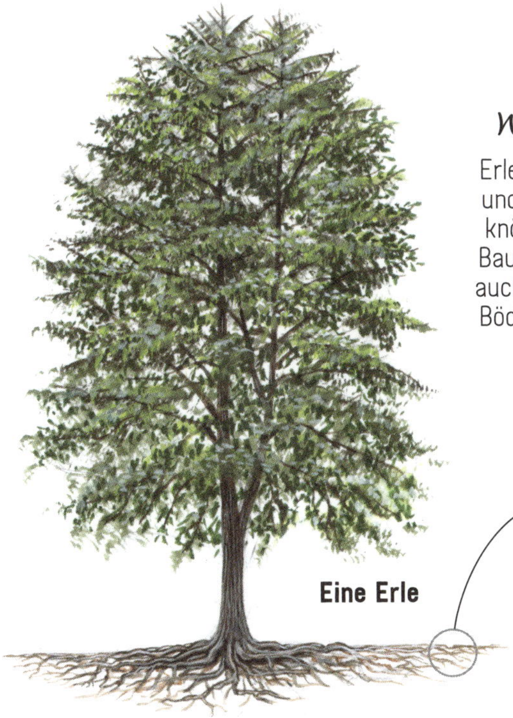

Eine Erle

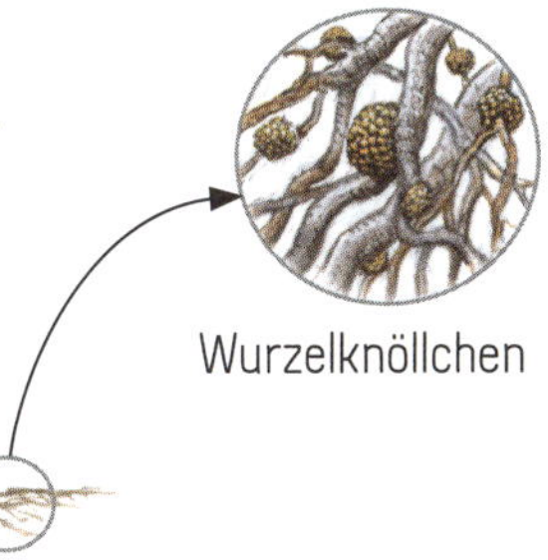

Wurzelknöllchen

DIE BLÄTTER SIND DIE KÜCHE

In den grünen Blättern entsteht die Nahrung für den Baum.

Die Zutaten

Um sich zu ernähren, entzieht der Baum der Luft ein Gas, **Kohlenstoffdioxid**, das durch winzige Spaltöffnungen ins Blatt gelangt, die **Stomata**.

Die Wurzeln im Boden absorbieren Wasser (H_2O), das als **roher Pflanzensaft** durch das lebendige Holz bis in die Blätter transportiert wird.

Wie funktioniert das?

Der Baum stellt seine Nahrung am Tag her, da er Sonnenlicht braucht, um Kohlendioxid und Wasser in seinen Blättern zu sammeln.
Das nennt man **Fotosynthese**.
Er bildet Zucker, der in Form von nährendem Pflanzensaft sämtliche Teile des Baumes ernährt, ebenso wie Wasser (H_2O) und Sauerstoff (O_2), die von den Blättern abgegeben werden.

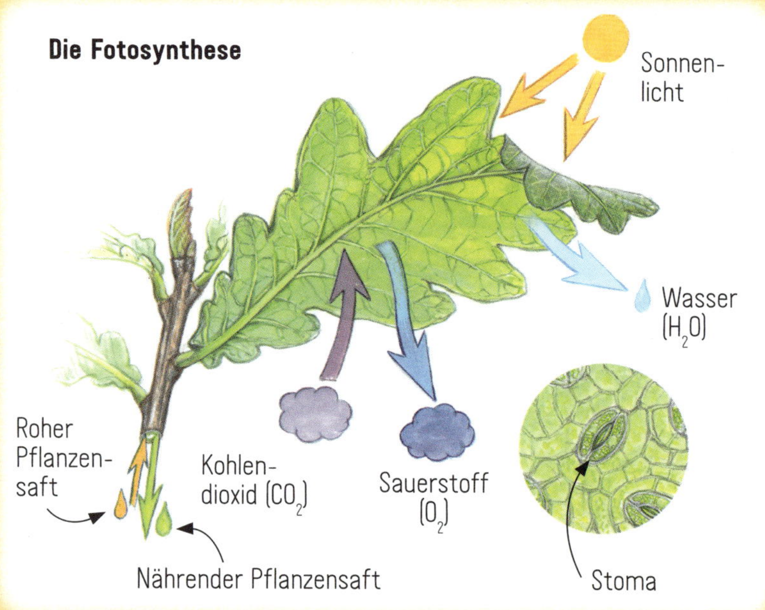

Fotosynthese ist wichtig

Bei der Fotosynthese gibt der Baum Sauerstoff (O_2) an die Luft ab, der wichtig für die **Atmung** sämtlicher Lebewesen ist.

Nicht nur Bäume betreiben Fotosynthese. Das Phytoplankton auf der Oberfläche der Ozeane produziert die Hälfte des Sauerstoffs, den wir auf der Erde atmen.

Phytoplankton

Tag und Nacht atmen die Bäume: Sie nehmen Sauerstoff (O_2) auf und geben Kohlenstoff (CO_2) ab. Doch am Tag produzieren sie dank der Fotosynthese mehr O_2 als sie aufnehmen, und absorbieren mehr CO_2 als sie ausstoßen. So erneuern sie regelmäßig die Zusammensetzung der Luft und regulieren das Klima unseres Planeten.

Alles über das Wachstum von Bäumen

1. Wenn ein Baum wächst und an einem Ast hängt eine Schaukel, dann hängst sie danach ...

- a höher.
- b niedriger.
- c gleich hoch.

2. Um zu wachsen, braucht ein Baum ...

- a Wasser.
- b Wasser und Licht.
- c Wasser, Luft und Licht.

3. Wo stellt der Baum seine Nahrung her?

- a In seinen grünen Blättern.
- b In seinem Holz.
- c In der Rinde.

4. Um zu trinken ...

- a verbindet der Baum seine Wurzeln mit Pilzen.
- b streckt er seine Wurzeln zu einem Fluss.
- c fängt er mit den Blättern Regen auf.

Bäume können sich verteidigen

Wenn Bäume angegriffen werden, schreien sie nicht oder rennen weg, aber sie können sich verteidigen, schützen oder sogar heilen.

Bäume schützen sich

Spitze Blätter

Die Blätter der Stechpalme haben Dornen. Tiere knabbern nicht an ihnen, um sich nicht weh zu tun. Doch oben an der Spitze, wo die Pflanzenfresser herankommen, sind die Blätter der Stechpalme glatt und haben keine Dornen.

Spitze Dornen

Die Robinie macht pflanzenfressenden Tieren mit sehr spitzen Dornen an ihren Ästen das Leben schwer.

Giftige Stoffe

Die Eibe trägt ein Gift in ihren Blättern, Ästen, Samen und ihrer Rinde. Nur ihre Früchte sind ungiftig: Die Vögel essen sie. Doch wenn ein unvorsichtiger Pflanzenfresser von ihren Blättern nascht, wird er danach so krank, dass er es nie wieder tut.

Wie Bäume sich verarzten

Selbstschutz

Manchen Insekten legen auf den Blättern Eier. Um sich zu schützen, produziert der Baum um das Ei herum eine Hülle, die man Galle nennt. So ernährt der Baum die Larve, damit er nicht von ihr angefressen wird.

Nützliche Narben

Verliert ein Baum einen seiner großen Äste, vernarbt seine Wunde, indem er ein spezielles Holz produziert, das eine Art Wulst formt. So ist er vor Krankheiten geschützt, die sein Holz angreifen.

Heilsalbe

Wenn Insekten die Rinde eines Kirschbaumes angreifen, um seinen Pflanzensaft zu saugen, können Pilze und Bakterien in ihn gelangen und sein Holz zerstören. Der Kirschbaum produziert also eine Art Gummi, mit dem er seine Wunden zuklebt.

In einem gemäßigten Wald

Eine Waldkiefer

Eine Winterlinde

Ein Nussbaum

Eine Rotbuche

Spiel Detektiv!

1. Welcher Strauch wächst am Waldrand?

2. Auf welchem Ast sitzt der Eichelhäher?

3. Welcher Baum lässt an seinem Fuß nichts wachsen?

4. An welchem Baum klopft der Specht sich eine Nisthöhle?

Eine Weißbirke

Eine Fichte

Eine Stieleiche

Eine Stechpalme

5. Welcher Baum hat eine orangefarbene Rinde?

6. Unter welchem Baum knabbert das Eichhörnchen an einem Tannenzapfen?

7. Welcher Baum hat eine weiß- silbrige Rinde?

8. Welcher Baum bildet dorniges Buschwerk aus?

WIE ENTSTEHT EIN BAUM?

EIN KLEINER SAMEN

Meist wächst ein Baum aus einem Samen. Bevor er zum Riesen wird, ist er ein winzig kleiner Stängel!

Alles ist schon da

Im Samen befindet sich der **Embryo**, aus dem der Baum wachsen wird, das **Keimblatt** enthält seine Nahrungsvorräte. Alles wird von einer Hülle geschützt.

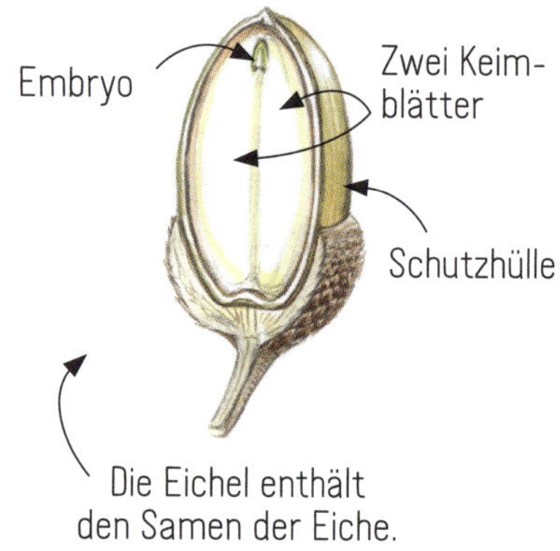

Die Eichel enthält den Samen der Eiche.

So können bestimmte Laubbäume keimen

1. Im Frühling, wenn der Boden ausreichend warm und feucht ist, saugt sich der Samen mit Wasser voll und der Embryo wacht auf: Er bildet eine erste Wurzel aus, die durch die Schutzhülle bricht und in den Boden wächst, um Wasser zu trinken.
2. Dann wächst ein Stängel in die Höhe.
3. Die ersten grünen Blätter wachsen, um den kleinen Baum zu ernähren: Seine Keimblätter sind leer.

Wachstum eines Eichensamens

Wenn eine Eichel keimt, bleiben die Keimblätter in der Erde.

① ② ③

Zwei weitere Arten zu keimen

Andere Laubbäume

Wenn ein Samen keimt, wachsen die Keimblätter mit dem Stängel in die Luft. Sie bleiben nicht in der Erde. Da sie grün sind, kann man sie mit normalen Blättern verwechseln.

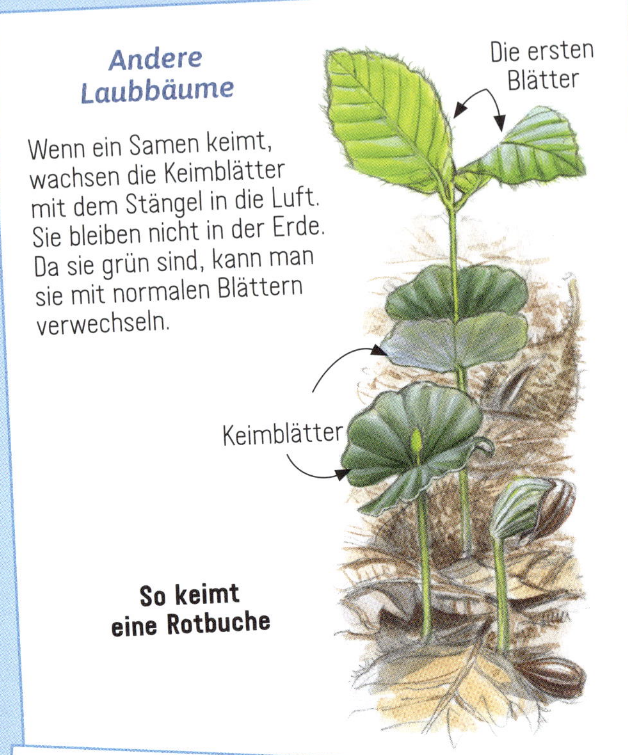

So keimt eine Rotbuche

Nadelbäume

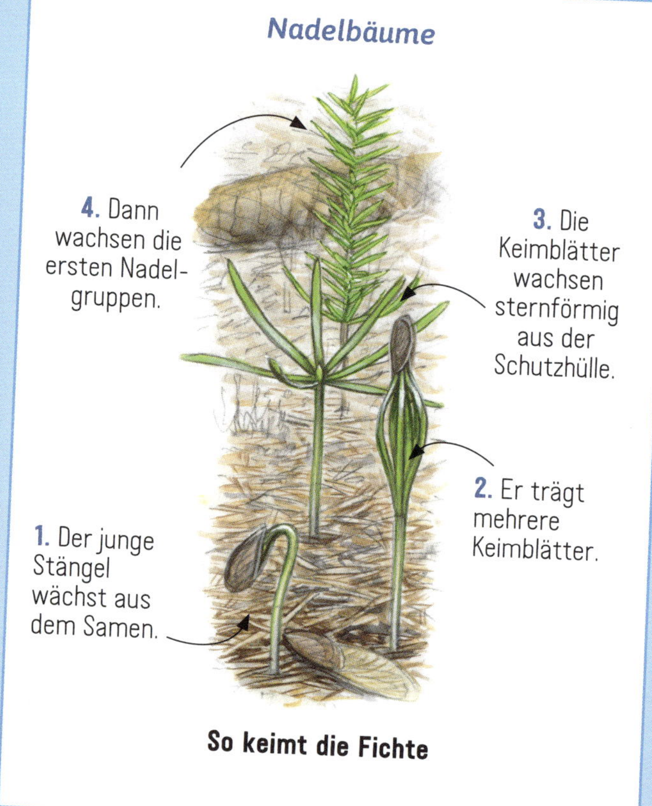

So keimt die Fichte

Reiselustige Samen

Warum keimen Samen so weit weg von ihrem Ursprungsbaum?

Fliegende Samen

Der Samen der **Feldulme** bildet einen hauchdünnen, runden Flügel aus, um vom Wind fortgetragen zu werden.

Rollende Samen

Die Samen der **Rosskastanie** sind glatt und rund, sodass sie über den Boden rollen können.

Schwimmende Samen

Die feinen Samen der **Erle** können auf Flüssen fortgetragen werden, ohne unterzugehen, da sie ein kleines Luftpolster haben.

Samen werden auch von Tieren fortgetragen

Der Tannenhäher ist ein Vogel, der ganz versessen auf die Samen der **Zirbelkiefer** ist. Er sammelt sie und versteckt sie im Boden. Wenn er sie später nicht frisst, keimen sie aus.

Die Samen der **Rotbuche** haben eine stachelige Hülle, die im Fell von Wildschweinen hängen bleibt. Eine effektive Methode, um zu wandern!

Füchse essen die Früchte von **Waldkirschbaum** und **Holunder**, die zu Boden gefallen sind. Wenn sie die Samen mit ausscheiden, sind sie bereit zu keimen!

DIE ROLLE DER BLÜTEN

Alle erwachsenen Bäume blühen. Manchmal sind ihre Blüten so unauffällig oder weit oben, dass man sie kaum bemerkt.

Die Fortpflanzung

In der Blüte befinden sich die Sexualorgane des Baumes, die zur Fortpflanzung dienen. Die **Staubgefäße**, welche die **Pollen** enthalten, sind die männlichen Organe. Der **Stempel**, der die **Eizelle** enthält, ist das weibliche Organ.

Männliche oder weibliche Blüten?

✳ Bei manchen Bäumen wie der Linde oder der Kastanie haben die Blüten männliche und weibliche Organe.

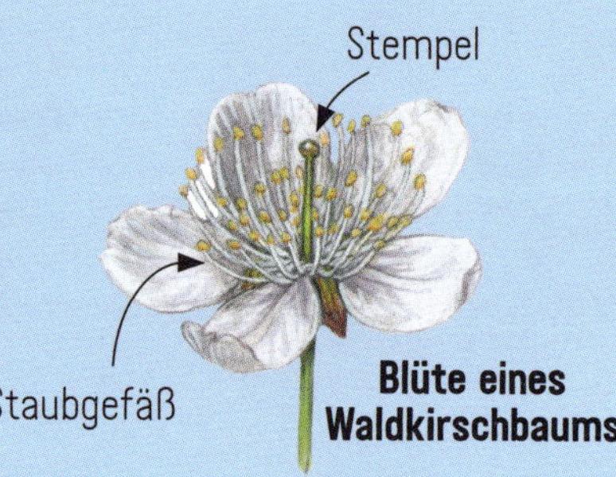

Blüte eines Waldkirschbaums

✳ Bei anderen Bäumen wie der Eiche und sämtlichen Nadelbäumen sind manche Blüten männlich und manche weiblich.

Blüten eines Nussbaums

Wie produzieren Blüten die Samen?

Bei allen Bäumen müssen dazu die Pollen (männlich) auf den Fruchtstempel (weiblich) einer Blüte derselben Art gelangen. Das ist die **Bestäubung**. So befruchtet ein Pollen eine Eizelle und ein Embryo entsteht. Das ist die **Befruchtung**. So wird aus jeder fruchtbaren Eizelle ein Samen!

Wie erreicht ein Pollen den richtigen Fruchtstempel

✳ Der Wind, der Wind …

Manchmal trägt der Wind die Pollen bis zu den Fruchtstempeln in den Blüten eines anderen Baumes derselben Art.

Lärchenblüten

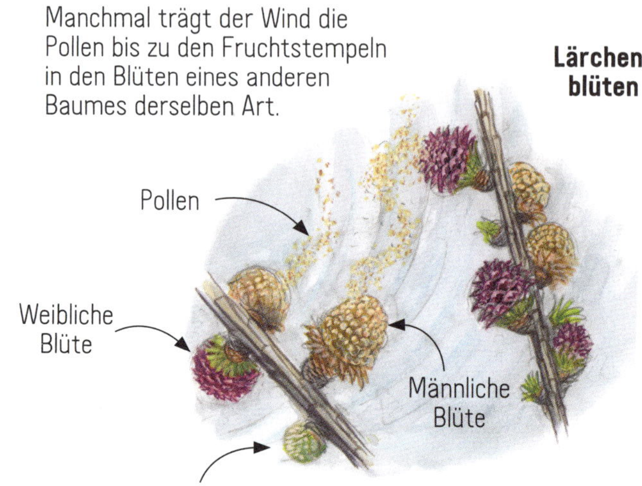

Nach der Befruchtung werden aus den weiblichen Blüten kleine Zapfen, die Samen enthalten.

✳ Durch Insekten

Farbe und Duft der Blüten ziehen Insekten an. Wenn sie Nektar trinken, bleiben Pollen an ihnen kleben. Wenn sie auf einer anderen Blüte landen, wird so der Stempel bestäubt.

Blüten einer Rosskastanie

Nur aus befruchteten Blüten werden Kastanien.

Bäume mit zwei unterschiedlichen Geschlechtern

Bei den Stechpalmen (genau wie bei Weiden, Pappeln oder Ginkobäumen) ist der Baum entweder männlich oder weiblich.

Von der männlichen Stechpalmenblüte ...

... zur weiblichen Stechpalmenblüte.

1. Männliche Stechpalmenblüten haben vier Staubgefäße, die Pollen freisetzen. Die **weiblichen Stechpalmenblüten** haben jeweils einen großen Stempel in der Mitte. Die Staubblätter sind dünn und enthalten keine Pollen.

2. Die duftenden weißen Blüten der männlichen Stechpalme ziehen Insekten an, die Pollen vom männlichen Baum zum weiblichen Baum tragen.

3. Nach der Befruchtung wachsen an den weiblichen Bäumen Früchte: Das sind die kleinen roten Beeren, die Kerne enthalten.

4. Vögel fressen die Früchte und verteilen die Kerne, indem sie sie ausspucken oder ausscheiden. Wenn sie keimen, entsteht ein neuer männlicher oder weiblicher Baum.

FORTPFLANZUNG OHNE SAMEN

Manchmal pflanzen sich Bäume fort, ohne dass sie Blüten oder Kerne brauchen. Dies nennt man asexuelle Fortpflanzung.

Eine schnelle Methode

Wenn sich Bäume ohne Samen fortpflanzen, sparen sie Energie und können schneller ein Gebiet erobern. Doch da sie danach sehr eng beisammenstehen und alle von derselben Sorte sind, stehen ihre Überlebenschancen bei klimatischen Veränderungen schlechter.

Aus einem Ast wird ein Baum

Bei Bäumen wie der Stechpalme oder dem Lebensbaum, die sich mit Blüten und Samen fortpflanzen, kann auch aus einem Ast ein neuer Baum entstehen. Wenn ihre langen, biegsamen Äste den Boden erreichen, wachsen Wurzeln daraus. Dann hebt sich das eine Ende des Astes und ein junger Baum entsteht.

Eine Stechpalme

Schlummernde Knospen

Bei Robinien oder Fliederbäumen entwickeln sich an bodennahen Wurzeln Knospen. Aus ihnen wächst ein neuer Stängel, der Wurzeln ausbildet und unabhängig wird. Man nennt ihn **Wurzeltrieb**.

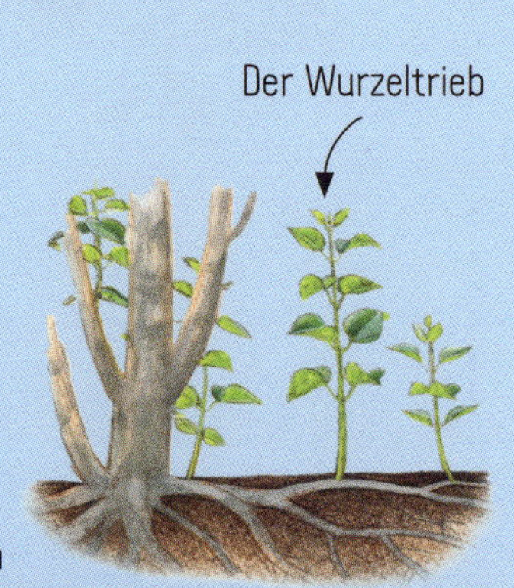

Ein Fliederbaum

Pfropfen – Was ist das?

Gärtner haben eine Technik entwickelt, damit ihren Bäumen größere und zahlreichere Früchte wachsen: Das Pfropfen.

* Wenn ein Apfelkern keimt, wächst daraus ein Baum mit starken Wurzeln, doch seine Früchte sind häufig klein.

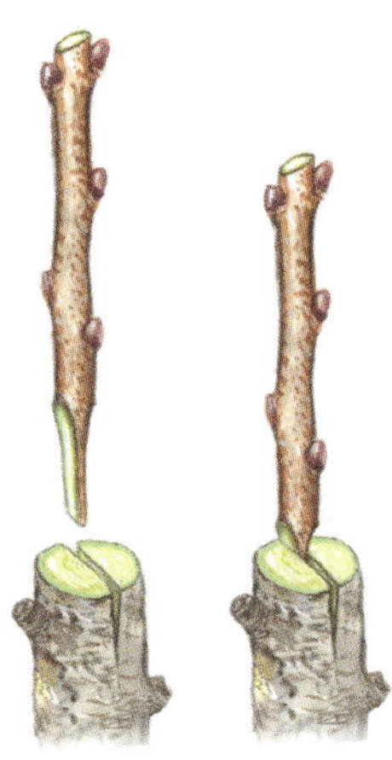

* Ist ein junger Baum fest verwurzelt, schneidet der Gärtner die Spitze ab und macht einen Einschnitt, in den er den angespitzten Ast eines Baumes steckt, der gute Äpfel produziert.

* Gelingt das Pfropfen, ernährt der Pflanzensaft aus den Wurzeln den Ast und er wird schöne Früchte tragen.

Lass einen Baum wachsen!

✳ Sähe ein paar Samen ✳

1. Sammle im Herbst Kastanien, Ahornsamen oder Eicheln. Wähle die schönsten aus.

2. Fülle eine kleine Schale mit feuchtem Sand und lege sie hinein.

3. Stelle die Schale in den Kühlschrank, denn Samen brauchen Kälte, um zu keimen.

4. Hol die Samen ein bis zwei Monate später heraus und setze sie in einen Topf, der mit 3 bis 4 cm Erde befüllt ist. Gieße sie regelmäßig. Hab Geduld. Sie brauchen für die Keimung bis zu einem Monat.

✳ Mach einen Ableger ✳

1. Schneide gegen Ende des Winters einen schönen geraden Ast vom Weidenbaum ab. Er muss länger als 80 cm sein.

2. Stecke ihn bis zu 40 cm tief in feuchte Erde. Die Knospen müssen in die Luft zeigen.

3. Gieße ihn regelmäßig. Er wird Wurzeln im Boden schlagen und schon bald kannst du die ersten Blätter sehen.

Das Leben eines Baumes

Ein Baum kann dutzende oder sogar hunderte von Jahren alt werden. Manche werden sogar wiedergeboren.

Von der Geburt zum Alter

1. Eine schnelle Geburt

Im Frühling saugt sich ein Samen mit Wasser voll. Binnen weniger Tage keimt er.

2. Eine lange Jugend

Jedes Jahr kommt ein Jahresring hinzu und der Baum wächst. Jedes Frühjahr wachsen neue Blätter auf neuen Ästen.

Die Hainbuche behält im Winter häufig ihre trockenen Blätter.

3. Erwachsen

Ist der Baum ausgewachsen (die Hainbuche braucht dafür etwa 20 Jahre), behält er seine Höhe. Er blüht zum ersten Mal. Dann produzieren seine Blüten Samen.

Im Herbst bilden die weiblichen Blüten der Hainbuche Samengirlanden.

Eine Hainbuche blüht mit etwa 20 Jahren. Dann ist sie etwa 10 Meter hoch.

4. Ein friedliches Alter

Wird der Baum älter, produziert er weniger Wurzeln, Blätter und Samen. Seine Äste werden kürzer, in der Krone sterben sie ab, sodass sie flacher wird.

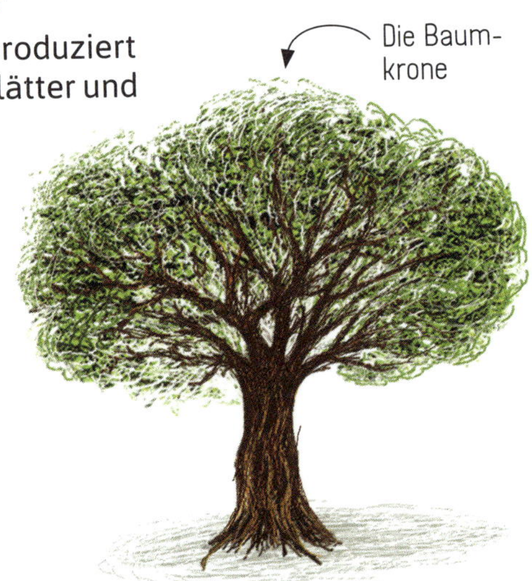

Das Ende eines Baumes

* Bäume sterben langsam ab (wenn sie nicht von einer Krankheit befallen werden). Der Kreislauf des Pflanzensaftes hört auf. Der Baum verliert seine Blätter, doch er kann noch mehrere Jahre aufrecht stehen.

Eine Hainbuche kann 100 bis 150 Jahr alt werden.

* Liegt der tote Baum am Boden, machen sich Zersetzer wie Regenwürmer und Pilze an seinem Holz zu schaffen, sodass es morsch wird. So werden die fruchtbaren Stoffe an den Boden zurückgegeben, von denen andere Pflanzen profitieren.

10 bis 20 Jahre dauert es, bis sich eine umgefallene Hainbuche vollständig zersetzt hat.

Die Wiedergeburt

* Bei manchen Laubbäumen kann man den Stamm absägen, dann treiben aus ihrem Stumpf neue Äste. Diese Sprosse sind alle identisch.

* Die Sprösslinge wachsen zu jungen Stämmen heran, die von den Wurzeln des Baumes versorgt werden. Sie wachsen schnell, werden jedoch nicht so dick wie der ursprüngliche Stamm.

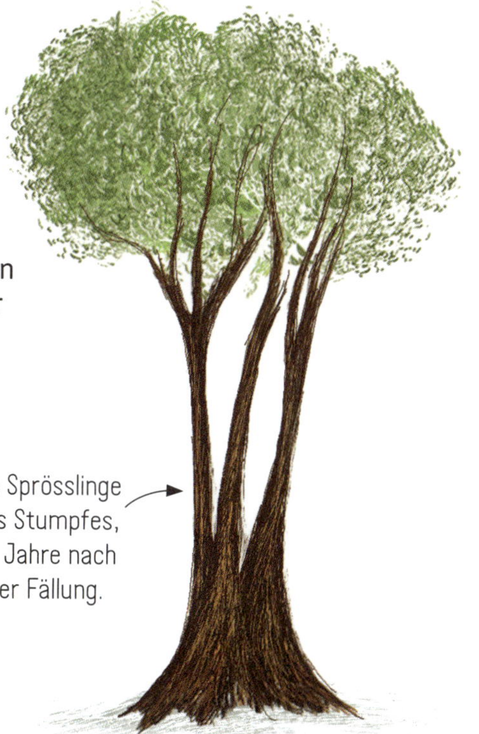

Im Obstgarten

Ein Olivenbaum

Ein Feigenbaum

Ein Birnbaum

Ein Quittenbaum

Spiel Detektiv!

1. Welcher Baum wurde beschnitten, damit ihn die Mauer wärmen kann?

2. Welcher Baum wurde beschnitten, damit er in die Breite wächst?

3. Von welchem Baum werden Quitten geerntet?

4. Welcher Baum hat einen besonders langen Stamm?

Der Mandelbaum

Der Kirschbaum

Der Apfelbaum

Der Aprikosenbaum

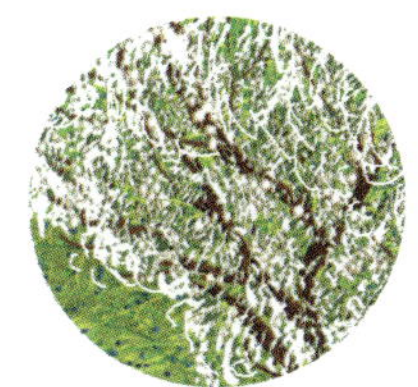

5. Welcher Baum trägt Früchte mit orangefarbenem Fruchtfleisch?

6. Wie heißt der Baum, an dem die Mandeln wachsen?

7. Welcher Baum trägt Früchte, aus denen Öl hergestellt wird?

8. Welcher Baum sieht aus wie ein dichter Strauch?

WAS KÖNNEN BÄUME ALLES?

MEISTER DER ANPASSUNG

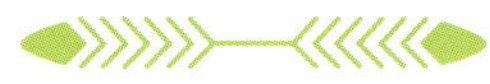

Wie alle Lebewesen müssen Bäume erkennen, was um sie herum passiert, und darauf reagieren. Wie machen sie das?

Das Geheimnis der Bäume

Ein Baum hat weder ein Gehirn noch ein Herz. Seine Vitalfunktionen verteilen sich über all seine Blätter, seinen Stamm und seine Wurzeln. Dank dieser **flächigen Organisation** ist es weniger wahrscheinlich, dass er bei einem Angriff ein ganzes Organ verliert.

Das Blattwerk hat viele Aufgaben

Ein Baum hat Tausende Blätter. Jedes davon dient ihm als Auge, Darm und Lunge. Genau wie ein Auge bemerkt das Blatt, woher die Sonne kommt und versucht, sie einzufangen. Genau wie der Darm verdauen sie die Nahrung des Baumes. Außerdem findet hier der Luftaustausch statt, genau wie in unserer Lunge.

Empfindliche Wurzeln

Auf den Wurzeln eines Baumes befinden sich Milliarden empfindsame Wurzelhaare. Sie sind seine Ohren und Hände, mit denen er die Erde erkundet. Sie nehmen die Geräusche des Wassers wahr und orientieren sich in diese Richtung.

3 Superkräfte

Bäume halten und ernähren den Boden

Die Wurzeln der Bäume halten den Boden fest, der sonst von Regen weggeschwemmt werden könnte.

Aus ihrem abgeworfenen Laub wird Kompost, ein natürlicher Dünger.

Kühlen und Bewässern

An jedem Sommertag schwitzt ein Laubbaum 200 Liter Wasser aus.

Das Wasser sammelt sich in den Blättern und ein Teil wird wieder an die Luft abgegeben, was sie kühlt und sogar für Regen sorgen kann.

Die Atmosphäre reinigen

Dank der Fotosynthese entziehen Bäume der Luft Kohlendioxid (CO_2) und halten es in ihrem Holz fest. So gibt es weniger von diesem Gas, das für die Klimaerwärmung verantwortlich ist.

Außerdem filtern ihre Blätter Feinstaub aus der Luft (der schlecht für unsere Lunge ist) und absorbieren bestimmte giftige Abgase.

Bäume werden mit allem fertig

Wächst ein Baum an einem Berghang heran, kann er sich mit der Zeit senkrecht ausrichten.

Europäische Lärchen

Nadelbäume in Küstennähe bilden besonders viele Äste und Nadeln aus, die windgeschützt sind.

Die Strandkiefer

Haben Rehe die Spitze einer jungen Tanne abgenagt, strecken sich die umliegenden Äste, um sie zu ersetzen.

Eine Weißtanne

Die unglaubliche Kraft der wachsenden Wurzeln kann sogar den Asphalt auf dem Gehweg aufbrechen!

Eine Platane

Mit der Zeit kann ein Baum ein ihm im Weg stehendes Geländer, einen Pfeiler oder eine Leitung in seinen Stamm einschließen: Stück für Stück legt sich die Rinde darum.

Eine Robinie

HOLZERZEUGER

Bäume können Material herstellen, das Menschen nicht herstellen können

Holz, ein Material erster Güteklasse

Das Holz jedes Baumes hat eine andere Farbe und Beschaffenheit.
Je langsamer der Baum wächst, desto dichter und schwerer ist es.
Schreiner verwenden das tote Holz aus der Mitte des Stammes, da es widerstandsfähiger ist.

Wie Holz geerntet wird

Holz wird geerntet, wenn der Baum nicht mehr wächst. Nachdem er gefällt wurde, werden die Äste abgeschnitten und der Stamm wird in ein Sägewerk gebracht. Dort wird er getrocknet und gegen Insekten oder Pilze behandelt. Die Äste dienen als Feuerholz oder werden gehäckselt und zu Papier oder Pappe verarbeitet.

Andere Baumprodukte

Harz
Harz wird geerntet, indem die Rinde von Kiefern angeritzt wird. Aus ihm werden Medikamente oder Malfarben gefertigt.

Der Baum stellt Harz her, um Wunden zu verkleben. Es ist etwas anderes als der Pflanzensaft.

Kork
Der Kork der Korkeiche wird alle zehn Jahre geerntet. Kork isoliert sehr gut gegen Lärm und Kälte. Außerdem kann man daraus Flaschenkorken machen.

Äste
Die Äste von Esche und Ulme werden als Feuerholz verwendet, da sie besonders schnell nachwachsen. Ihr Laub frisst das Vieh.

Bäume, deren Äste alle 6 bis 15 Jahre abgesägt werden, nennt man Kopfbäume.

Quiz

Das Holz um dich herum

1. Für Möbelstücke verwendet man ...

- a den Stamm.
- b die Äste.
- c die Wurzeln.

2. Streichhölzer bestehen hauptsächlich aus ...

- a Tannenholz.
- b Eichenholz.
- c Pappelholz.

3. Die Schwellen, die Gleise stabilisieren, sind aus ...

- a Eisen.
- b massivem Eichenholz.
- c Kunststoff.

4. Wie oft lassen sich Papierfasern recyceln?

- a Einmal.
- b Zweimal.
- c Beliebig oft.

FRÜCHTE TRAGEN

Alle Bäume tragen Früchte, doch nicht alle sind für Menschen genießbar.

Woher kommen die Früchte?

Die Früchte an den Bäumen entstehen aus einer winzigen **befruchteten Blüte**. Die Frucht enthält den oder die Samen im **Fruchtfleisch,** das von einer mehr oder weniger dicken Haut geschützt wird.

Eine essbare Hülle

Der **Kern** oder die Kerne mancher Früchte, zum Beispiel des Apfel- oder Birnbaums, des Pflaumen- oder Orangenbaums, werden von saftigem Fruchtfleisch umhüllt, das wir essen.

In einer Birne umhüllt das Fruchtfleisch zehn Kerne.

Kerne zum Knabbern

Bei anderen Früchten wiederum ist es genau der Kern, den wir knabbern, zum Beispiel beim Haselnussstrauch, dem Mandelbaum oder der Kastanie. Man muss ihn aus der Hülle schälen, die manchmal hart wie Holz ist und nicht essbar.

Die Walnuss ist die Frucht des Walnussbaums.

Auch Blüten und Blätter werden geerntet

✳ Aus Lindenblüten kann man Tee herstellen. Sie werden geerntet, wenn sie sich geöffnet haben, kurz bevor Früchte daraus wachsen.

Eine Lindenblüte

Ein Teeblatt

✳ In den Tropen werden die jungen Blätter der Teepflanze geerntet, um verschiedene Teesorten daraus zu machen.

✳ Beim Kochen werden die Blätter von Rosmarin, Lorbeer, Salbei oder Thymian verwendet, um das Essen zu würzen.

Rosmarin mit seinen immergrünen Blättern wird das ganze Jahr über geerntet.

Die Früchte der Zypresse werden geerntet, wenn sie noch grün sind: sie helfen bei Durchblutungsproblemen.

✳ Zypressenzapfen, Eukalyptus- oder Eschenblätter, Weidenrinde oder Kiefern- und Tannenzapfen werden geerntet, um Medikamente herzustellen.

Tiere, die sich von Bäumen ernähren

Blattfresser

Schmetterlingsraupen ernähren sich von Blättern.

Jede Schmetterlingsart hat ihre Lieblingsblätter. Die **Seidenraupe** beispielsweise, aus der ein Seidenspinner wird, ernährt sich von den Blättern des Maulbeerbaumes.

Obstfresser

Bunte Früchte ziehen schnell die Vögel an.

Rotkehlchen lieben die Früchte des Gewöhnlichen Spindelstrauchs.

Nussknacker

Nagetiere fressen häufig die herabgefallenen Nüsse.

Mäuse nagen gerne Eicheln, Haselnüsse oder Kirschkerne, die vom Baum fallen.

Holzfresser

Käferlaven wie die des Großen Eichenbocks entwickeln sich binnen sechs Monaten, indem sie am Holz nagen.

Die **Larve des Großen Eichenbocks** schlüpft unter der Rinde und gräbt sich immer tiefer ins Holz, bevor sie schlüpft.

Genau hingeschaut

Unglaubliche Fähigkeiten

Wissenschaftler haben Bäume untersucht und viele erstaunliche Erkenntnisse zu ihrer Lebensart gewonnen. Und vieles gibt es noch zu entdecken!

Bäume kommunizieren miteinander

✳ Sie schicken sich Nachrichten über die Luft …

In Südafrika hat man die Reaktion einer Akazie untersucht, deren Blätter von einer Antilope gefressen wurden.

- Sobald die Antilope die Blätter anfrisst, produziert der Baum ein Gift, sodass sein Blattwerk unverdaulich wird.
- Die Antilope hörte auf zu fressen, um sich eine andere Akazie zu suchen.
- Doch die erste Akazie hat ein Gas in die Luft abgesondert, um die anderen Akazien zu warnen. So wurden ihre Blätter giftig, noch bevor die Antilope fressen konnte!

✳ … oder sie kommunizieren unterirdisch.

Ist das Blattwerk eines Baumes erkrankt, produziert er eine Substanz, die bis in die Wurzeln befördert wird. Die Pilze an den Wurzeln senden den anderen Bäumen eine Warnung (ganz gleich, welcher Sorte sie angehören) und helfen so, sie zu schützen.

Bäume helfen einander

✳ Der Schatten der großen Bäume schützt die jungen Bäume davor, von der Sonne verbrannt zu werden. Wenn sie dann Sonne brauchen, um zu wachsen, bricht ein Wettkampf aus: Die Stärksten ersticken die Schwächsten, die absterben. So werden nur die stärksten Sprösslinge zu großen Bäumen.

✳ Im Regenwald, den die Sonne nur schwer durchdringen kann, halten die Baumkronen Abstand voneinander: Sie spüren die Anwesenheit ihres Nachbarn und vermeiden es, ihn im Schatten stehen zu lassen.

✳ Wird ein Baum abgesägt, wird der Stumpf von den umliegenden Bäumen über die Wurzeln mit ein wenig Nahrung versorgt (da ihm die Blätter fehlen, kann er dies nicht mehr alleine). So kann der Stumpf vernarben: Er fault nicht und bildet langsam eine Schutzhülle aus Rinde auf.

Am Mittelmeer

Eine Steineiche

Französischer Ahorn

Eine Pinie

Brennender Dornbusch

Spiel Detektiv!

1. Welcher Laubbaum behält im Winter seine Blätter?

2. Welcher Nadelbaum hat rötliche Kronen?

3. Welcher Strauch hat im Winter weiße Blüten?

4. Welcher Strauch trägt gleichzeitig Früchte und Blüten?

Eine Aleppo-Pinie

Mittelmeer-
zypressen

Westlicher
Erdbeerbaum

Baumheide

5. Welcher kleine Baum verliert schon vor dem Winter seine Blätter?

6. Welcher große Baum hat Kronen wie ein Sonnenschirm?

7. Welcher Strauch trägt im Winter strahlend rote Früchte?

8. Welcher Baum steht gerade wie ein »i«?

WUNDERVOLLE BÄUME

Baumrekorde

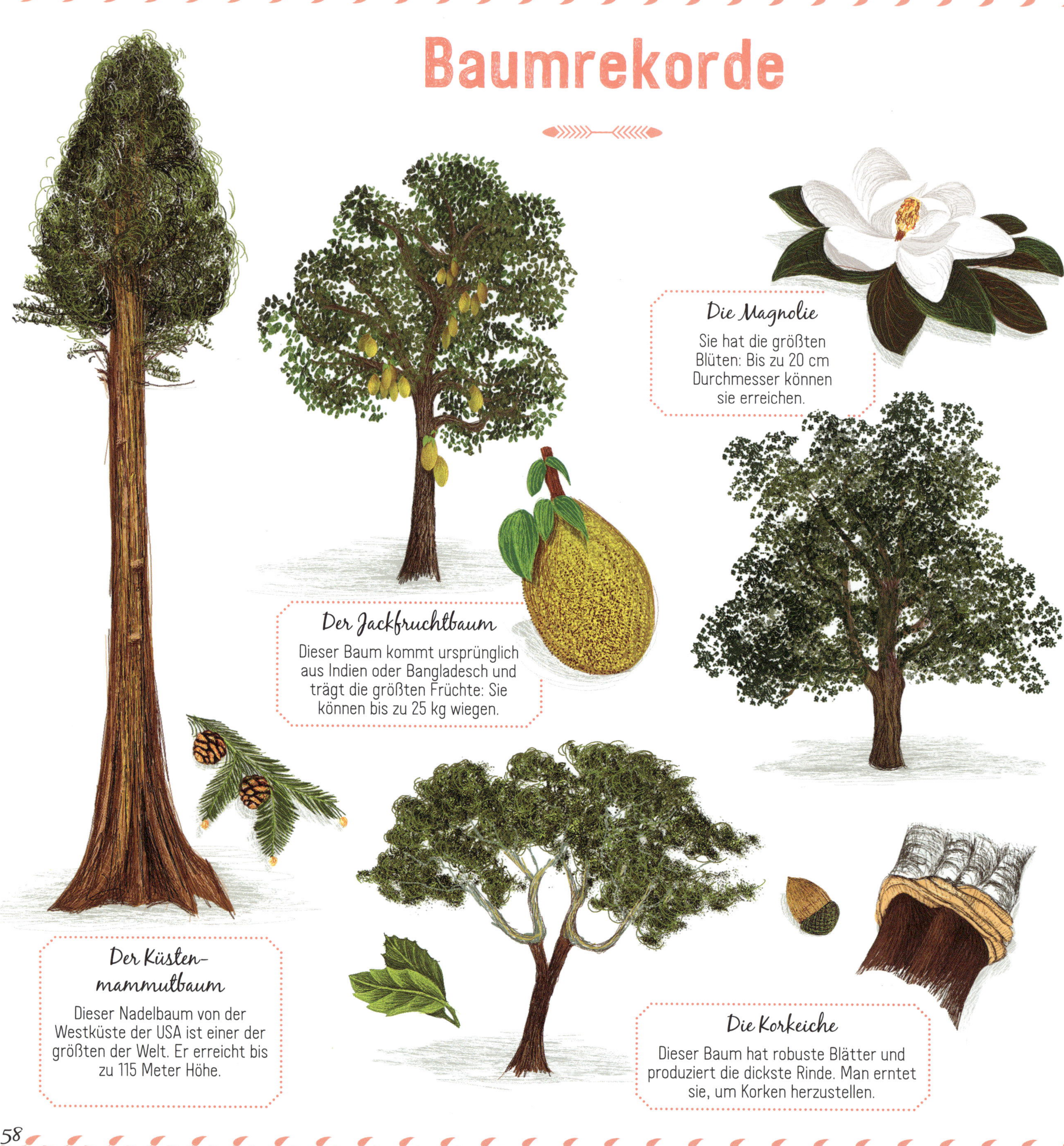

Der Küstenmammutbaum

Dieser Nadelbaum von der Westküste der USA ist einer der größten der Welt. Er erreicht bis zu 115 Meter Höhe.

Der Jackfruchtbaum

Dieser Baum kommt ursprünglich aus Indien oder Bangladesch und trägt die größten Früchte: Sie können bis zu 25 kg wiegen.

Die Magnolie

Sie hat die größten Blüten: Bis zu 20 cm Durchmesser können sie erreichen.

Die Korkeiche

Dieser Baum hat robuste Blätter und produziert die dickste Rinde. Man erntet sie, um Korken herzustellen.

Lomatia Tasmanica

Der älteste Baum wird auf mindestens 43.000 Jahre geschätzt. Er trägt hübsche Blüten, jedoch ohne Früchte oder Samen. Seine Äste verwurzeln und bilden einen Busch, der sich immer wieder erneuert.

Der Affenbrotbaum

Dieser Baum, der hauptsächlich in Afrika wächst, hat den dicksten Stamm: Er kann einen Umfang von 25 bis 30 Meter erreichen. 20 Menschen müssten sich an der Hand nehmen, um ihn zu umstellen.

Die Welwitschie

Dieser Wüstenbaum, dessen Stamm im Sand steckt, hat die längsten Blätter. Zwei Stück, die bis zu vier Meter lang werden und sich auf dem Boden stauen.

Der Ginko

Er stammt aus China. Er gehört zu den ältesten Bäumen: Seine Vorfahren wuchsen schon, noch bevor es Dinosaurier gab.

Die Banyan-Feige

Dieser Baum aus Südasien hat das am besten entwickelte Astwerk: Seine Äste, die von oberirdischen Wurzeln gehalten werden, bedecken bis zu 1 Hektar Fläche.

Laubabwerfende Bäume

Französischer Ahorn

Im Frühling bilden sich vorne an den Ästen kleine Blütensträuße. Sie wachsen schon bevor die Blätter sprießen und ziehen Bienen an.

Europäische Lärche

Dieser Nadelbaum aus den Bergen ist der einzige europäische, der seine Nadeln verliert. Seine Früchte sind kleine Zapfen, die 2 bis 3 Jahre hängen bleiben.

Die Schwarze Maulbeere

Dieser kleine Baum wird wegen seiner leckeren kleinen Früchte geschätzt, den schwarzen Maulbeeren. Nicht zu verwechseln sind sie mit Brombeeren, die zwar auch schmecken, jedoch von wildwachsenden Dornensträuchern stammen.

Die Flaumeiche

Sie liebt ein heißes und trockenes Klima. An ihren Wurzeln wachsen Trüffel: Edle Pilze, die bei Köchen heißbegehrt sind.

Die Esche

Die Esche trägt erstaunliche Flügelfrüchte. Sie sind trocken und flach und haben einen kleinen Flügel. Den Winter über hängen sie am Baum.

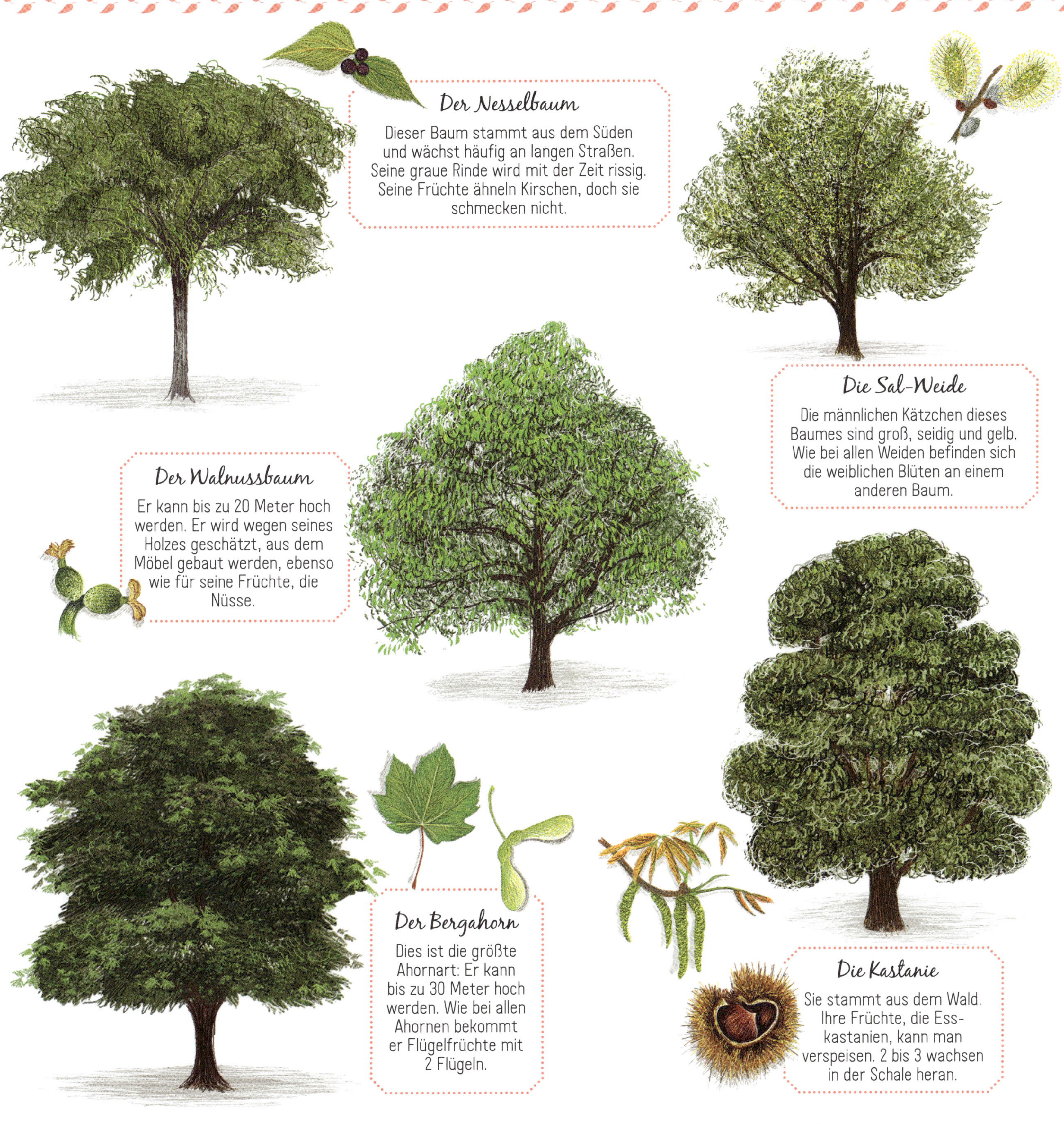

Der Nesselbaum

Dieser Baum stammt aus dem Süden und wächst häufig an langen Straßen. Seine graue Rinde wird mit der Zeit rissig. Seine Früchte ähneln Kirschen, doch sie schmecken nicht.

Die Sal-Weide

Die männlichen Kätzchen dieses Baumes sind groß, seidig und gelb. Wie bei allen Weiden befinden sich die weiblichen Blüten an einem anderen Baum.

Der Walnussbaum

Er kann bis zu 20 Meter hoch werden. Er wird wegen seines Holzes geschätzt, aus dem Möbel gebaut werden, ebenso wie für seine Früchte, die Nüsse.

Der Bergahorn

Dies ist die größte Ahornart: Er kann bis zu 30 Meter hoch werden. Wie bei allen Ahornen bekommt er Flügelfrüchte mit 2 Flügeln.

Die Kastanie

Sie stammt aus dem Wald. Ihre Früchte, die Esskastanien, kann man verspeisen. 2 bis 3 wachsen in der Schale heran.

Immergrüne Bäume

Die Gewöhnliche Eibe

Dieser Nadelbaum produziert keinen Harz, sondert keinen Duft ab und trägt keine Zapfen. Der weibliche Baum trägt fleischige Früchte, die Arillus genannt werden.

Der Westliche Erdbeerbaum

Er wird nicht größer als 9 Meter und trägt das ganze Jahr über Blätter. Am Winteranfang trägt er gleichzeitig Blüten und reife Früchte.

Gemeiner Wacholder

Er hat kurze, spitze Nadeln. Nur weibliche Sträucher tragen Früchte: Die Wacholderbeeren brauchen 3 Jahre, um reif zu werden.

Blauer Eukalyptus

Er stammt ursprünglich aus Australien und wird im Mittelmeerraum angebaut. Seine Blätter sondern einen Duft ab, seine Blüten haben keine Blätter und seine Früchte sind bläulich grau.

Der Olivenbaum

Der Stamm dieses Baumes dem Mittelmeerraum wird mit dem Alter knorrig. Seine Trauben werden zu Kernfrüchten: Den Oliven.

Die Pinie

Sie spendet viel Schatten. In ihren Zapfen können bis zu 100 Kerne sitzen, die Pinienkerne.

Abendländischer Lebensbaum

Dieser Baum wächst sehr langsam und kann bis zu 20 Meter hoch werden. Seine kleinen Nadeln bedecken alle seine Äste. Seine Zapfen sind sehr klein.

Die Strandkiefer

Dieser Nadelbaum stellt Harz her und hat sehr lange Nadeln, die drei Jahre halten.

Die Douglasie

Ein aus Amerika stammender Nadelbaum, dessen Nadeln nach Zitrone riechen. Douglasien wachsen schnell und hoch und werden für ihr Holz angebaut.

Die Steineiche

Dieser immergrüne Baum trägt gleichzeitig männliche und weibliche Blüten. Nur aus den weiblichen Blüten werden Früchte: die Eicheln.

Zierbäume

Die Libanon-Zeder

Man erkennt diesen großen und majestätischen Baum an seinem massiven Stamm und seinen langen, fast horizontalen Ästen. Er kann bis zu 100 Jahre alt werden.

Die Rotbuche

Im Sommer werden ihre Blätter von einem roten Pigment eingefärbt, das die grüne Farbe des Chlorophylls übertüncht.

Die Trauerweide

Sie hat dünne Blätter und lange Äste, die bis zum Boden reichen. Sie wächst nicht aus einem Samen: Sie wird durch Stecklinge oder Pfropfen vermehrt.

Der Tulpenbaum

Er stammt ursprünglich aus Nordamerika. Seine Blüten erinnern an große orangefarbene Tulpen.

Chinesische Lagerströmie

Sie stammt ursprünglich aus China und wird wegen ihrer großen pinken Blüten und ihres dichten Blattwerks geschätzt, das sich im Herbst rötlich färbt.

Der Buchsbaum

Dieser immergrüne Strauch kann in Wäldern bis zu 6 Meter hoch werden. In Gärten wird er oft in Form geschnitten.

Der Blauglockenbaum

Dieser majestätische Baum von über 15 Metern Höhe wird im Frühling durch seine malvenfarbigen Blüten zum spektakulären Anblick.

Der Gewöhnliche Trompetenbaum

Ihn findet man häufig in öffentlichen Gärten oder auf Plätzen. Er hat große herzförmige Blätter und seine Früchte sind lange Schoten, die den ganzen Winter über hängen bleiben.

Der Amerikanische Amberbaum

Im Herbst werden seine Blätter von grün zu rot, orange und violett, bevor sie braun werden und herunterfallen.

Der Gewöhnliche Judasbaum

Seine rosa Blüten wachsen direkt aus den Ästen oder dem Stamm, bevor die Blätter kommen.

Überraschende Bäume

Die Mangrove

Sie wächst in den Tropen an Gewässern. Bei Ebbe kann man ihre Wurzeln sehen. Ihre Samen keimen am Baum, bevor sich das Pflänzchen löst.
Es treibt auf dem Wasser fort und verwächst dann mit dem Boden.

Der Kapokbaum

Dieser tropische Baum kann eine Höhe von 60 Metern erreichen. Seine Wurzeln formen um den Stamm herum mit Nadeln bewachsene Ausläufer. Seine Früchte produzieren eine Faser, die zum Füllen von Sofakissen verwendet wird: den Kapok.

Der Sommerflieder

Dieser Baum wurde aus China zu uns gebracht. Seine duftenden Blüten ziehen Schmetterlinge an.

Die Echte Sumpfzypresse

Dieser Nadelbaum wächst in Sumpfgebieten. Seine Wurzeln treten aus dem Boden hervor, um an Luft zu kommen. Er ist laubabwerfend.

Die Mimose

Sie kommt aus Australien. In Europa wächst sie am Mittelmeer, ihre duftenden gelben Blüten wachsen am Ende des Winters.

Der Götterbaum

Er stammt aus China und wächst sehr schnell. Weibliche Bäume produzieren viele Samen, die Flügelfrüchte, die leicht keimen.

Die Gewöhnliche Robinie

Sie stammt aus Amerika. Ihre Früchte sind lange braune Hülsen.

Kängurubaum

Er wird auch »Eisenbaum« genannt, weil sein Holz sehr hart ist. Er ist immergrün und seine Früchte erinnern an Zapfen, es handelt sich allerdings nicht um einen Nadelbaum.

Der Kakaobaum

Er wird in den Tropen wegen seiner Früchte angebaut, aus denen der Kakao hergestellt wird. Sie enthalten Samen und wachsen direkt am Stamm.

Die Chilenische Araukarie

Dieser Nadelbaum bildet um Äste und Stamm herum feste, spitze Nadeln aus. Seine Zapfen werden von goldenen Nadeln bedeckt.

Früchte zum Knacken

Findest du die Bäume im Buch, an denen diese Früchte wachsen?

1. Die Frucht des Erdbeerbaumes

Diese Frucht mit stacheliger Haut braucht 1 Jahr zum Reifen.

2. Die schwarze Maulbeere

Um diese Frucht zu genießen, darf man sie erst ernten, wenn sie reif ist, und dann sofort essen.

3. Die Kakaoschote

Diese Tropenfrucht enthält Samen, aus denen Schokolade hergestellt werden kann.

4. Die Haselnuss

Diese Trockenfrucht wird von Nagetieren wie den Eichhörnchen geschätzt, die sie für den Winter vergraben.

5. Die Kirsche

Je nach Art können die Kirschen rot, schwarz oder sogar gelb sein.

6. Die Walnuss

Diese Frucht ist sehr nahrhaft und stillt schnell den kleinen Hunger.

7. Die Kastanie

Die stachelige Hülle dieser Frucht öffnet sich, wenn sie reif ist, und gibt ihren essbaren Inhalt frei.

8. Die Birne

Von dieser Frucht gibt es fast 2000 Arten, die nur in gemäßigten Breiten geerntet werden.

9. Die Jackfrucht

Diese riesige Tropenfrucht wächst an alten Ästen oder direkt am Stamm.

10. Der Apfel

Seine Kerne enthalten Gift, aber in so geringer Menge, dass es Menschen nicht schadet.

»»»» Index ««««

Lösungen

Was ist ein Baum?

S. 13 (Quiz): 1b ; 2c ; 3a ; 4b.
S. 15: Die Blätter der Robinie, des Olivenbaums und der Esche.
S. 18 (Spiel Detektiv!):
Im Park 1. Die Silberlinde 2. Die Rosskastanie 3. Die Ahornblättrige Platane 4. Die Hainbuche 5. Die Trauerweide 6. Die Bananenpalme 7. Die Libanon-Zeder 8. Der Buchsbaum

Wie wächst ein Baum?

S. 27 (Quiz): 1c ; 2c ; 3a ; 4a.
S. 30 (Spiel Detektiv!):
Im gemäßigten Wald 1. Der Nussbaum 2. Die Stieleiche 3. Die Rotbuche 4. Die Winterlinde 5. Die Waldkiefer 6. Die Fichte 7. Weißbirke 8. Die Stechpalme

Wie entsteht ein Baum?

S. 42 (Spiel Detektiv!):
Im Obstgarten 1. Der Birnbaum 2. Der Apfelbaum 3. Der Feigenbaum 4. Der Kirschbaum 5. Der Aprikosenbaum 6. Der Mandelbaum 7. Der Quittenbaum Der Olivenbaum 8.

Was können Bäume alles?

S. 49 (Quiz): 1a ; 2c ; 3b ; 4b.
S. 54 (Spiel Detektiv!):
Am Mittelmeer 1. Die Steineiche 2. Die Aleppo-Pinie, 3. Die Baumheide 4. Der Westliche Erdbeerbaum 5. Der Französische Ahorn 6. Die Pinie 7. Der brennende Dornenbusch 8. Die Mittelmeerzypresse

Früchte zum Knacken

S. 68: 1. Der Westliche Erdbeerbaum 2. 3. Der Kakaobaum 4. Der Haselnussbaum 5. Der Kirschbaum 6. Der Walnussbaum 7. Die Kastanie 8. Der Birnbaum 9. Der Jackfruchtbaum 10. Der Apfelbaum

Olivenbaum
Mangrove
Vier Staubblätter der Stechpalme
Gewöhnliche Robinie
Trauerweide
Abendländischer Lebensbaum
Einzigartig wie der Stamm eines Baumes